Álvaro Alves de Faria

O uso do PUNHAL

escrituras
São Paulo, 2013

SUMÁRIO

37ANOS...7
OTAPANACARA1.....................................9
OSALDALÍNGUA......................................10
DESASSOSSEGO....................................11
PÁSSARO..12
HERÓI...14
OOUTRO...15
PENADEMORTE.....................................16
OPOETA...18
OTAPANACARA2....................................20
OUSODOPUNHAL..................................22
CARTA..24
MEMÓRIA...25
APEDRANOCORAÇÃO...........................26
IMPUNE..27
PROCURA-SE...28
CONSCIÊNCIA.......................................29
SOMBRA...30
BARALHO...31
FIM...32
AMÃOESQUERDA..................................33
MULHERES..35
ABISMO..36
OCONTRÁRIO..37
CELESTIAL...39
LIBERDADE..40
LÂMINA..41
CREPÚSCULO.......................................42
ELEGIA...43
2010..44
DESFEITO..46
OSÓCULOS..47
DESTINO..48
OSPOETASMORTOS..............................50
ACICATRIZ...52
OSHERÓIS...53
DESFECHO..55
OINIMIGO...56
ACASA...57
OSGAFANHOTOS..................................58
CREPÚSCULO.......................................59
ESPELHO...61

VELA	62
MULHER	63
LUGAR	64
FINAL	65
ANISTIA	66
ARQUEOLOGIA	67
AMOSCA	68
RETRATO	69
MOMENTO	70
FOTOGRAFIA	71
ASSIM	72
CONCLUSÃO:	73
OSAPATEIRO	74
ODEDONOGATILHO	75
TARDE	76
OSPOEMASIGUAIS	77
SINA	78
ACASADASMULHERES	79
OHOMEMDOGUARDA-CHUVA	80
IMAGEM	81
APEDRA	82
SAMARITANA	83
ALÍVIO	84
NORMALIDADE	85
LANÇAMEDIEVAL	86
NOESPELHO	87
LABIRINTOS	88
SOBREOAUTOR	89

37 ANOS

Devia ter-me matado aos 37 anos.

De lá para cá pouca coisa aconteceu
que mereça ser lembrada.

Tirei algumas fotografias,
fiz algumas viagens imaginárias,
amei mulheres tristes
e comprei dois relógios antigos.

Fiz mal
em não ter-me matado aos 37 anos.

De lá para cá
as coisas se repetiram
com a frequência de sempre.

Tive dois punhais
e uma espada japonesa.

Devia ter-me matado aos 37 anos.

De lá para cá só aconteceram
ausências e distâncias,
como um vaso que se quebra,
uma jarra de reminiscências
que não sei recordar.

Escrevi alguns poemas
que depois esqueci em algum lugar.

Devia mesmo ter-me matado aos 37 anos,
ao abrir a janela
para a que seria minha última manhã.

Talvez um tiro no coração,
para não ferir o rosto.

Talvez uma xícara de veneno
que me fizesse adormecer.

Fiz muito mal a mim mesmo
em não matar-me aos 37 anos.

Não veria as coisas inúteis que vi
nem teria rezado tanto para salvar minha alma.
Dela, nada sei
e ela nada sabe de mim.

Também não teria inventado
tantas histórias para viver
esse tempo que afinal
passou sem que eu percebesse.

Não teria sangrado tanto
se tivesse me matado aos 37 anos.

Peço desculpas aos amigos
e aos três anjos que hoje vivem comigo
e comigo falam em silêncio
no meio das noites e dos temporais.

Devia ter-me matado aos 37 anos.

De lá para cá
foram anos que não contei,
só andei perdido de mim
como se não existisse mais.

O que ainda dói
é o tapa na cara
e o cuspe vermelho
saindo do canto da boca.

O que ainda dói é o escárnio
e ser obrigado
a se ajoelhar
com um fio encostado na cabeça.

O que ainda dói
é ter de concordar com tudo,
com um alicate junto às unhas das mãos.

O que ainda dói
é o copo de água negado,
enquanto o corpo treme de febre:
o que dói ainda é o chão
de pedra úmida
que feria as costas
e abria mais as feridas do grito.

Mas o que mais dói ainda
é o tapa na cara:
o cuspe vermelho
os dentes vermelhos
o sangue vermelho
no lábio cortado.

Da outra parte do mundo
parte o mundo em sua parte
com o zelo de uma serpente

ferida a luz que se apaga
a ponta dos dedos cortados

essa faca

que no corte deixa o rastro
e seu visgo
deixa a marca e seu vestígio
a voz que cala essa tarde que acaba:

perdido passo na cidade que escurece
o sal da língua
oceano que escorre na sala

o retrato que observa
o tempo parado para sempre.

O SAL DA LÍNGUA

DESASSOSSEGO

O desassossego
de Bernardo Soares
também vive dentro de mim.

Quando Augusto dos Anjos
sentiu o inferno na pele,
conheceu a exata
inutilidade da poesia.

O desassossego
de Bernardo Soares
está em cada página
do destino que me inventei,
uma faca que corta
por dentro
numa tão funda dor que não sei.

Perdi meu terno cinza
dentro do guarda-roupa
e não posso sair
nesta manhã de domingo,
mas eu não tinha para onde ir.

Os sapatos me olham ávidos
em rumos distantes,
desaparecidos no bolso esquerdo
de meu paletó,
na caixa de fósforo
com que pretendo
iniciar um incêndio.

O desassossego
de Bernardo Soares
também sinto
o desassossego
de Bernardo Soares.

Talvez muito mais,
porque Fernando Pessoa
não está presente
para colocar as coisas
no seu devido lugar.

Ao pegar na mão
o pequeno corpo
desse pássaro morto,
sinto o tamanho
de minha insignificância
neste universo
que não me pertence.

Guardo-o na terra
como se fosse um segredo
assim inerte sem voo
que deixou de ser.

Tenho-o em mim
como se fosse em mim
a ocorrência de sua morte.

Como se fosse em mim que morreu
alguma coisa que ainda não sei,
ao pegá-lo na mão,
um pequeno corpo de um pássaro,
com o bico imóvel
como estão imóveis agora
todas as coisas em meu redor.

PÁSSARO

Guardo-o na terra
cavoucada com uma colher.

Como se fosse em mim a sua morte,
seu espanto em olhos fechados,
tal fragilidade me assusta,
asa imóvel de sombra.

A ocorrência de sua morte,
um pássaro no quintal,
como se fosse em mim,
porque é em mim que morreu
esse pássaro que tenho na mão,
ao guardá-lo na terra
como se a mim guardasse,
cerimônia em que me permito sentir,
eu e ele,
os dois numa hora que para,
como se parasse o infinito,
tão repentinamente
que ninguém percebe.

Com minha bicicleta voadora
atravesso as nuvens cheias de chuva
e pedalo de encontro ao infinito,
espelho que atravesso como o vento.

Pedal em que me perco
na fúria da face frágil,
minha bicicleta que voa,
como num parque
ou numa corrida que não termina.

Com minha bicicleta voadora
sou capaz de tudo,
como se pudesse atravessar um rio
caminhando sobre as águas.

Guio-me perdido com minha
     bicicleta que brilha
       ao sol amarelo da tarde.
Passo pelas poças das ruas
com meus sapatos grudados nos pés,
costurado na pele entre os dedos
com linhas invisíveis nas agulhas do medo.

HERÓI

Com minha bicicleta voadora
sou herói de mim mesmo,
como numa história em quadrinhos
com páginas de papel de seda,
num celofane cruel.

Depois me despeço não sei do quê,
voando com meus pedais de vidro,
na velocidade das sombras,
uma bicicleta de aros quadrados,
sem direção a seguir
ou destino que me possa chegar.

O OUTRO

Meu rosto não é esse que vejo em mim.

É a face de outra pessoa
esta minha face em que me vejo,
que não me pertence.

Não sou eu esse homem que me habita
e fala todas as tardes
quando está para anoitecer.

Não me pertencem estes pés
que me levam à porta
que não posso abrir
por não ser esta a minha casa.

Não são estas as mãos que fazem o aceno
que não é meu.

Meu gesto está em minhas mãos
que não são minhas,
marcando nos meus dedos
que não fazem parte de mim.

Não é minha esta alma que mora no meu corpo
e que cala o meu destino
como se fosse meu
o que de mim me ausenta.

Não é meu este passo que me leva
com sapatos de quem não conheço,
eu mesmo
à minha espera,
como se fosse outro,
o que não existe
mas me faz viver a vida
que não tenho mais.

O crime que cometi
foi um dia transformar o poema
num texto quase prosa,
um verso longo que parecia não terminar mais
         e que não dependia de mim para se concluir.

Também deixei que a poesia vivesse
e dentro do poema
percorresse palavras
em busca do som de uma música.

O crime que cometi foi não ter aceitado
fazer do poema uma estrutura gráfica
na paisagem do papel.

Também deixei-me viver no poema,
na primeira pessoa do singular,
falando de mim em relação às coisas,
como se isso fosse suficiente.

Crime sem perdão,
sigo ao cadafalso
para o enforcamento.

Eles me colocam um capuz,
além da venda nos olhos.
Eles me amarram as mãos para trás,
para primeiro matar meu gesto.
Sinto o nó da corda
e temo que a cerimônia poética demore a passar.

O alçapão se abre
e eu caio com o peso de minha alma:
as palavras enfim morrem
como se fossem aves atingidas
por um temporal.

Neste instante o verso é muito pouco
na poesia em sua circunstância.

O poeta se cala ausente de si
e o poema se conclui.

Quando morreu o poeta
        que vivia em mim,
não tive outra alternativa
            senão enterrá-lo num vaso
            que tenho no quintal,
como se a escondê-lo de todos
            para que não se perturbasse
            sua paz definitiva.

Anda ele a espreitar-me
            desse vaso junto ao muro
e todas às noites sai de si
            em busca não se sabe do quê.

O POETA

Pouco lhe valeu a morte
            porque continua a colher
            os silêncios das árvores
            e as asas dos pássaros que não alcança.

Quando sai desse vaso
            em que o sepultei,
esse poeta vai a se descobrir
            nas esquinas das ruas
             entre pessoas
            que nem sabem que ele existe.

E quando volta em horas perdidas,
traz o bolso cheio de estrelas,
de folhas que caem das plantas
e de palavras esquecidas.

Às vezes volta com algumas luas nas mãos
e traz ainda rios
que lentos correm
pela margem do rosto.

Quando volta esse poeta que morreu em mim,
volta como se não voltasse,
fica sempre longínquo,
quase desaparecido no fundo do que fui
e ainda me acomete:
o poema inacabado no corte brusco da poesia
e a poesia brusca no corte do poema.

Agora dorme esse poeta que em mim morreu,
dentro do vaso num jardim que me guarda:
dele guardo segredos e gestos que cultivou,
mas tudo está na memória:
é assim que a vida permanece.

Às vezes quando a palavra falta,
é preciso reinventá-la no instante
em que o soco inglês bate no corpo
à altura do peito.

Nesse instante, a palavra deixa de ser
e o apelo pela morte
é uma máscara sorridente
que observa os pormenores da face.

É preciso confessar todas as coisas
e dizê-las com sílabas exatas.

Mas não há confissão a fazer,
senão engolir a vida aos poucos,
até que tudo se extermine,
os dedos quebrados,
as unhas feridas,
os choques que percorrem os braços
e que passam a fazer parte do próprio corpo.

Então o sangue não espirra,
mas escorre por dentro
como um rio dentro das veias
e o olhar perdido no teto,
os baldes de água escura,
o espelho que reflete outra pessoa,
tão desesperada pessoa
que não parece mais a pessoa que é.

Bastava um único gesto,
um pedaço de vidro,
uma lâmina,
para pôr fim a tudo.

**OTAPA
NACARA2**

A violência é uma risada longa,
daquelas que não terminam dentro do ouvido,
que se alongam durante o dia
e nas horas das noites e de silêncio.

A vida deixa de existir,
embora exista na respiração,
a vida deixa de existir.

As batidas do pulso pulsam algumas vezes
como uma sombra que surge na parede
e escorre até o chão
onde a alma está morta.

Depois o dia nasce
sem que se perceba
que o dia nasceu.

Depois a tarde se recolhe
sem que se perceba
que a tarde se recolheu.

Depois fecham-se os olhos
e fica-se à espera
dos que espreitam os gestos paralíticos.

Depois você adormece
sem perceber que adormeceu,
como se tivesse morrido,
sem perceber que morreu.

O punhal tem de ser reluzente
como uma estrela
e pontiagudo
como o bico de um pássaro.

Para usá-lo,
tem de ser três golpes profundos
do lado esquerdo,
onde ainda dormem alguns sonhos.

O uso o punhal
requer alguma sabedoria,
mas o instinto também vale
para que tudo seja mais rápido.

Tem de ser sempre uma surpresa
no furo vermelho sem retorno:
mas antes de tudo,
o punhal tem de ser reluzente como uma estrela.

OUSO DO PUNHAL

Reluzente como uma estrela
e pontiagudo como o bico de um pássaro,
o punhal precisa ter algum mistério
que não se decifra.

Indecifrável, o punhal espeta
e se detém na alma, que é invisível,
depois de retirado
se transforma em vermelho.

Para o uso do punhal
é preciso antes saber acariciá-lo
como ao rosto de uma mulher,
como a amá-lo em sua morte,
a que adivinha sempre
quando as noites se perdem
entre o teto e o assoalho.

O uso do punhal

Basta usar três vezes do lado esquerdo,
implacável furo fundo
que corta a respiração.

Um punhal não é uma lâmina
que serve para cortar os pulsos,
porque resultado da arte,
o punhal é um objeto
de ferimento final.

A lâmina de uma faca
corta o legume na mesa,
mas também a veia da garganta,
quando se fizer necessário.

São duas coisas distintas:
o punhal que espeta e a faca que corta.

O uso do punhal requer
o esquecimento
quando será para sempre.

O tempo é tão escasso
que nem se percebe
seu manuseio entre os dedos.

Convirá estar deitado
com a ponta no lugar certo,
que os olhos estejam fechados
e que tudo deixe de ser
nesse último momento
de apagar todas as coisas.

Três golpes do lado esquerdo
bastam para pôr fim a tudo:
depois é só viver a eternidade.

Quando escrevi minha última carta,
não sabia que também consumia
       meu último lápis.
As palavras saltaram manchadas do nada,
na última carta que escrevi
e o lápis ia aos poucos desaparecendo,
inútil como uma sombra.

Quando amanheci e enviei a carta a mim mesmo,
no endereço que desconheço,
e ao ler contive as frases esquecidas,
como se assim pudesse
       compreender o que não tinha a me dizer.

CARTA

Inútil trama de mim
que a mim se refere sem me sentir:
as palavras estão definitivamente mortas
no risco de um lápis
que também não sabe,
a escrever-se em si mesmo
essa carta derradeira
que me será entregue
       quando não estarei mais aqui.

MEMÓRIA

Sou aquele homem que esqueceu:

Faz trinta anos que estou parado
num período do tempo
que não sei,
embora antes colecionasse relógios.

Colecionador de relógios,
passava os dias observando os pássaros.

Sou aquele homem que esqueceu;

Caminho agora no quarto
em círculos que não terminam.

Esquecido,
corria pelas brumas
em busca de cavalos
que nunca encontrei.

Sou aquele homem que se perdeu:

Foi talvez numa paisagem noturna
ou numa cidade que nunca conheci.

Nesse tempo
eu plantava cerejas
e colhia água dos rios.

Sou aquele homem que morreu:

Apaguei as janelas da minha casa
e me tranquei por dentro
como se assim pudesse
livrar-me de mim.

Sou aquele homem
que pulou do décimo andar:

Nesse tempo eu olhava as aves
que faziam ninhos nas igrejas
e delas recebi as asas
que precisei para voar.

A pedra no coração
é diferente de outras pedras,
porque a pedra no coração
é aquela pedra que tem alma.

A pedra no coração
é uma pedra que fala a linguagem das pedras,
que só outra pedra pode entender.

A pedra no coração
é uma pedra multiplicada,
diferente de outras pedras,
mas parecida com outras pedras que já morreram.

A pedra no coração se reflete na tarde
e na tarde refletida
a pedra no coração
é uma pedra perdida.

A pedra no coração se reflete na noite
e na noite refletida
a pedra no coração
é uma pedra anoitecida.

A pedra no coração se reflete no espelho
e no espelho refletida
a pedra no coração
é uma pedra suicida.

A pedra no coração se reflete em si mesma
e em si mesma refletida
a pedra no coração
é uma pedra na vida.

A PEDRA NO CORAÇÃO

IMPUNE

Pratico o crime de viver
e a nada sou condenado
por essa falta grave
que está dentro de mim.

Por isso sou foragido
a andar pelos becos
entre mulheres antigas
que já não vivem mais.

A lei é minha própria palavra
de prosseguir clandestino
com as armas que disparam
a antever meu suicídio.

Talvez numa tarde de domingo
quando as famílias voltam para casa
sem saber que observo
todos os passos dos assombros.

A mulher que se deita comigo
tem a certeza que vai matar-me
com cinco tiros
quando eu acabar num gozo sem gemidos.

É possível que a mate antes de mim
com os mesmos tiros que a mim reservou,
exatamente quando ela olhar pela janela
as pessoas que morrem nas ruas.

Depois irei para qualquer outro lugar
impune que sou de mim mesmo,
como se não soubesse de nada
do crime que pratico em viver.

Procura-se um homem
que desapareceu no dia 14.

Calçava sapatos pretos
e vestia uma espécie de nuvem,
dessas que se acham em qualquer lugar.

Costuma falar sozinho,
especialmente quando caminha.

Quando desapareceu,
carregava uma bolsa
com alguns poemas sem palavras
e alguns acenos suicidas.

Comia morangos
quando desapareceu.

Também carregava
duas estrelas mortas
no bolso da camisa,
do lado esquerdo.

Dizia que não tinha nome,
mas era por esquecimento.

Procura-se esse homem
que sumiu com alguns segredos.

Disse que ia falar com as pedras
e desapareceu no dia 14.

Quem tiver alguma notícia
sobre seu paradeiro
por favor
não informar a ninguém.

PROCURA-SE

CONSCIÊNCIA

É melhor estar sempre
entre os derrotados,
os que estão mortos
nas esquinas,
nas igrejas
e na praça que já foi do povo.

É melhor estar sempre
entre os que foram executados,
mas não se traíram.

É sempre melhor.

Estar sempre entre os que meteram
uma bala na cabeça.

É melhor.

Minha sombra fugiu.

Desgarrou-se de meus sapatos
e foi embora
dizendo que não suportava mais
andar pelos caminhos que ando.

Sou um homem sem sombra
que cuida da aparência
e tenta manter-se vivo.

Numa carta de despedida,
minha sombra pede desculpas
pela decisão de abandonar-me.

Não me deixa seu novo endereço
e me diz que não voltará mais.

Sem sombra não sei de mim,
      por ser ela
        a única companhia
que comigo andava há 40 anos.

SOMBRA

BARALHO

Jogo minha sorte e minha vida,
mas eles têm as cartas melhores.

Tenho somente o 2 de paus
2 de ouro,
2 de copas
2 de espadas.

Eles têm o ás
além dos reis, dama e valete.

Fora os noves de todos os naipes.

Jogo o que me resta jogar
com uma luz acesa
em cima da minha cabeça.

Com as cartas que tenho
não me resta qualquer chance.

Eles então me olham
com o jogo decidido,
dizem palavras que não ouço
e pedem que me encoste à parede.

Minhas cartas caem na mesa,
abertas como uma manhã de setembro.

Então eles rasgam
o que me restou do jogo
e me dão o tiro de misericórdia.

Dentro de mim
vive um homem que já morreu.
Cansou-se das manhãs
e das vozes que ouvia nas madrugadas.
Andava sempre escondido
e não mais saía à rua
para passear pressentimentos.

Vivia a calar espantos
e a acenar para quem não via.
No final das tardes
afastava um pouco a cortina da janela
para observar as pessoas nas calçadas.

Às vezes saía à noite
e como um criminoso
cobria o rosto com as mãos
a andar apressado
diante das lojas acesas
ou dos becos sem saída.

FIM

Dentro de mim
vive um homem que já morreu.

Matou-se ontem
antes do poema ser concluído.
Não teve tempo de se despedir,
mas escreveu três cartas
que destruiu em seguida:
uma para ele mesmo,
outra para o vizinho que não conhecia
e a terceira para ninguém,
com quem costumava conversar.

A MÃO ESQUERDA

Perdeu-se a mão esquerda
de um ex-poeta brasileiro
que atende pelo nome
de Álvaro Alves de Faria,
assim proparoxítono e no condicional,
indivíduo que nunca sabe
ao certo o que deseja da vida.

Cortou a mão numa máquina
de separar coisas inúteis,
como as páginas de um livro,
especialmente de poesia.

Cortou a mão esquerda,
pegou com a direita
e atirou pela janela.

Hospitalizado, o ex-poeta reclama
por sua mão esquerda
como se ainda servisse para alguma coisa,
e pede a quem a tenha encontrado
comunicar-se com ele pele telefone
011 - 14-56-78-99-99-09 em São Paulo,
onde vive escondido desde que
nasceu na rua Frei Caneca.

Atualmente vive no passado
a colher esterco para os jardins,
apagando sua imagem
dos espelhos numa casa antiga,
na rua Cuba, 1959.

Embora sem serventia,
o ex-poeta queixa-se da falta
de sua mão esquerda,
por não poder mexer mais na memória
com seus dedos desaparecidos.

Necessita mais urgentemente
do dedo indicador,
com o qual costumava acusar-se
dos crimes que cometeu escrevendo,
quando se dizia poeta.

Quer de volta
sua mão esquerda desnecessária
para cortá-la de novo
na serra de uma marcenaria,
como um carpinteiro descuidado
que esqueceu de seu ofício.

MULHERES

Conheci na vida muitas mulheres putas
e algumas santas.
Com as santas me abençoei,
com as putas eu vivi.

Com as putas salvei minha alma,
com as santas paguei por meus pecados.

Com as santas sempre me persignei,
com as putas conheci a poesia.

Com as santas me transformei num anjo,
com as putas aprendi a voar.

Conheci na vida muitas mulheres santas
e algumas putas.

As santas mostraram-me o Paraíso,
as putas, os becos e as ruas.

Com as santas me flagelei,
com as putas aprendi a usar perfumes.

Um dia me cansei das putas e das santas,
das santas e das putas,
até que
eu mesmo me transformei em mulher
meio puta, meio santa,
meio santa, meio puta.

Hoje vivo com as duas,
entre o céu das putas
e o inferno das santas.

O homem que acreditava ser poeta
saltou do abismo há alguns instantes
porque também acreditava poder voar.

Saltou com duas facas
para cortar-se no meio da queda,
a tirar as asas invisíveis das suas costas.

O homem que acreditava ser poeta
disse algumas palavras antes de saltar
com um guarda-chuva nas mãos.

Algumas palavras sem nenhum sentido,
quase um grito que se alongou
mas não queria dizer nada a ninguém.

ABISMO

O homem que acreditava ser poeta
deixou em casa sua alma numa caixa de celofane
que será enterrada no jardim.

O homem que acreditava ser poeta
passou a vida a dizer coisas incompreensíveis
que sempre se perderam no nada.

Pulou há alguns instantes no abismo
como se fosse um pássaro
que não sabia medir nem distância nem ausência.

A queda foi rápida e para sempre:
depois abriu o guarda-chuva
e saiu à procura de uma igreja.

O CONTRÁRIO

Quando comecei a andar de costas
não sabia ainda que já tinha enlouquecido.

As coisas
começaram a andar para trás,
mas tudo me parecia normal.

Os relógios marcavam as horas ao contrário,
só porque comecei a andar de costas,
sem saber que já tinha enlouquecido.

Os dias seguiam quinta-feira — 15,
quarta-feira — 14,
terça-feira — 13,
segunda-feira — 12,
domingo — 11.

No domingo 11 fui à missa,
mas cheguei no sábado — 10,
pela manhã.

O Deus que me esperava
já tinha ido embora para outro paraíso,
maltratando-me ao sacerdote
que também já não estava lá,
só porque comecei a andar de costas,
sem saber que já tinha enlouquecido.

As janelas não se abriam mais,
só se fechavam
a um vento ao contrário,
e a chuva saía do chão para o alto,
arrancando as árvores enterradas
com flores de raízes nos vasos.

Quando comecei a andar de costas,
os anos foram voltando no tempo.

Minha cara também mudou,
não era mais a minha,
e o cão que me seguia sempre
ainda não tinha nascido.

A mulher que me matou
recebia hóstias sagradas
diante de altares antigos,
mas antes que me matasse
dormi com ela sempre saindo dela
numa cama que ainda não existia.

Depois passei esmalte nas unhas
e coloquei um véu no rosto,
rezei preces desesperadas,
procurei os anjos expulsos do céu,
sempre andando para trás,
ao contrário de mim mesmo,
com sapatos do avesso,
o direito do lado esquerdo,
o esquerdo do lado direito,
meus pés virados para trás,
vendo na minha sala
as telas que se apagaram.

Até que na tarde
do dia 25 de abril de 1852,
que ainda não tinha chegado,
eu desapareci para sempre
com meu casaco abotoado nas costas.

CELESTIAL

O vitral que separa Deus do mundo
está na igreja que me fecha a porta.

Está lá esse Deus esquecido,
sofrendo as dores
pelos pecados que cometeu.

No vitral está a face
de santos desesperados
e de mulheres e anjos
de olhares sagrados.

Deus está sozinho
no seu universo,
uma solidão divina
de quem se cansou de tudo.

Não dá mais para voltar atrás,
já que as consciências morreram
e as últimas almas se foram.

Sete anjos vivem comigo:
jogamos cartas, cantamos, adormecemos
e inventamos palavras.

Também plantamos avencas
para decorações fúnebres.

De vez em quando rezamos,
mas Deus não tem nada com isso.

Por uma certa liberdade,
deixei-me morrer em abril,
cortei minhas três asas
com a lâmina
que me impediu respirar.

Deixei-me morrer em abril,
mas em setembro
eu já estava cansado.

Então me suicidei
no dia 23,
dei-me um tiro na boca
para ser livre outra vez.

LIBERDADE

LÂMINA

Espetado num só golpe,
o punhal causa uma dor medieval.

Lâmina que se avermelha
ao sair do corte no coração.

Um golpe que se fere em si mesmo,
no marfim onde a mão
pressente o instante da morte.

Um só golpe.

Faca de prata vermelha,
porque vermelho é a cor do silêncio.

A alma foge
e parte para o infinito
de algum lugar desconhecido.

Para matar-se basta
um instante breve
onde adormecem
os sentimentos que deixam de ser.

A arte do punhal
é a arte da própria
maneira de morrer
reinventando a vida.

Depois fica tudo escuro
no punhal e na seda
branca da memória.

Não há palavras
para lamentos
nem lugar
para esquecimentos.

Um só golpe.

É o bastante:
o sonho não requer muito
para existir.

O crepúsculo
às vezes invade meu quarto,
sangue vermelho
de todo crepúsculo vermelho,
um buraco aberto no peito,
onde se guarda a memória
que não se tem:

o crepúsculo vermelho,
um rio por dentro a escorrer,
como andam as aranhas no teto,

vermelho assim vermelho,
de tal vermelho que se nega,
como se a negar a vida,
um soco, dois cortes, três soluços,
esse o crepúsculo
que às vezes invade meu quarto
onde me deixo ficar
em minha própria distância,

entre o vermelho e o vermelho,
mas no meio o sangue desse vermelho,
aquele ferimento antigo que não sai,
fosse uma imagem que desaparece,
fosse um oceano de náufragos,
fosse uma sala de esquecimentos,
mas não é:

o crepúsculo é vermelho
e será sempre vermelho
no que me guardo,
no que me espero,
no que me tenho
no desespero.

CREPÚSCULO

ELEGIA

A elegia que me escrevo
desperta-me para a palavra ferida
que salta da minha boca.

São versos que não concluo
a elegia que me escrevo,
palavras que morrem nas letras,
sílabas em agonia
e a noite ainda está distante.

Mas espera chegar o instante
para não errar o que se mostra,
toca de leve esse momento que se perde,
cala o poema que não há,
baila a face no espaço de teu ser
e inventa a possibilidade de viver
no que em tua volta escurece,
esse tecido da tez
que na face desaparece.

O golpe da foice é certeiro,
mas você não sente.

Sua cabeça que rola
não pensa mais.

Então você olha as marcas da algema
de 1964
no punho esquerdo,
na mão esquerda,
no dedo esquerdo,
no lado esquerdo do peito.

Então você vê as marcas da algema
de 1964
e percebe que a Primavera morreu.

Então você vê sua cabeça
com um corte certeiro,
como se fosse uma pedra,
mas você não sente.

A lâmina corta a veia
e o sangue é um rio
na camisa branca.

O golpe da faca é certeiro,
quando os homens se traem
e esquecem.

A palavra não vale mais,
todas as palavras escritas e faladas
nos encontros quase derradeiros
em casas distantes.

2010

Você está escondido de você,
a andar com as mãos no bolso da capa,
como se procurasse um hotel para dormir.

Mas você não sabe
que os homens que traem
são traiçoeiros em si mesmos,
como a foice que corta
e decepa a mão esquerda,
o pulso esquerdo,
o dedo esquerdo,
o lado esquerdo do peito.

Mas você não sabe que o tempo se foi
e que aquela estrela se apagou.

Então você vê as marcas das algemas
de 1964
e sente aquela dor antiga
que você guarda ainda por dentro,
porque as coisas são todas iguais.

Então você se rende
ao desespero que é o mesmo,
o ferimento na boca,
aquele silêncio das noites violentas,
quando você se ausentava de você mesmo
para poder viver um dia a mais.

Então você se deixa
a andar com as mãos no bolso de capa.

O golpe de foice é certeiro,
mas você não sente,
sua cabeça que rola
não pensa mais.

Desfaço-me de mim:

Primeiro corto os dedos da mão esquerda,
depois os dedos da mão direita.

Depois tiro as mãos e os braços.

Depois retiro o coração e a alma.

Depois corto as pernas
com as feridas aflitas dos joelhos.

Depois arranco a cabeça
com os olhos fechados
e as pálpebras caídas.

DESFEITO

Corto a boca em pedaços
e os pensamentos que deixar de existir.

Queimo os cabelos
que atravessaram o tempo comigo.

Desfaço-me de mim:

deixo somente os pés
que não sabem para onde seguir.

OS ÓCULOS

Colocados em cima da mesa,
os óculos me observam,
especialmente quando me agacho
para coçar as feridas dos pés.

Os óculos me olham
e fixam meus olhos
escondidos na minha gaveta vermelha.

Medem meus gestos
e desaprovam minha conduta
porque costumo falar com as sombras.

Seguem-me com o olhar de vidro
e aros dourados
a cercar-me em uma moldura.

Talvez me denunciem
e meu quarto será invadido
às três horas da manhã.

Algemado, seguirei meus algozes
com passos lentos
e sapatos que não me servem mais.

DESTINO

Devo morrer em 90 dias,
mas até lá poderei
plantar quatro girassóis no meu quintal.
Também poderei falar
com alguns pássaros que se perderam
ou andar a esmo com meu revólver de plástico.

Devo morrer em 90 dias,
mas ainda terei tempo de escrever algumas cartas,
embora nada tenha a dizer a ninguém.

Sobre minha liberdade direi que é consequência de mim,
do que desejei fazer e não consegui,
como escrever um poema
que me tornasse um homem mais humano.

No entanto não consegui,
fugiu-me a palavra quando dela precisei
e nas minhas mãos restou-me um pedaço da face,
como se dela necessitasse
para entrar numa loja
ou numa farmácia.

Terei ainda de repensar algumas coisas
e mudar as imagens em que acreditei a vida inteira.

Nunca tive verdade absoluta
e a poesia foi somente um equívoco
que não me perdoo,

O uso do punhal

porque cortou-me por dentro
e me fez sangrar o sangue que eu não tinha mais.

Devo morrer em 90 dias,
mas ainda terei tempo de desenhar
uma lua no teto de meu quarto,
de ajudar os gafanhotos nas chuvas
e talvez fazer um rio no meu jardim,
onde eu possa molhar os pés.

Não haverá poemas nem encantamentos,
só as serpentes do meu acaso
caladas no fundo do espelho.

Então verei meu rosto pela última vez
e não me reconhecerei
porque sou um estranho de mim,
aquele que me habitou sem meu consentimento
e consumiu para sempre
a alma que já se foi.

Os poetas não morreram
como eu pensava:
ainda existem uns três ou quatro
que observo de longe,
como se não acreditasse.

Não morreram, como eu pensava.

Uns poucos ainda colhem as águas das chuvas
a molhar os pés e a roupa nas poças.

Ainda escrevem poemas com as palavras,
deixam-se sentir o que da poesia se sente,
como se a tomar um café em Coimbra,
lendo um jornal antigo
que fala de um mundo que não interessa mais.

OS POETAS MORTOS

Ainda existem uns quatro ou cinco,
ainda e existem a andar sapatos perdidos
nos rumos que faltam,
a percorrer lugares que afligem.

Os poetas não morreram
como eu pensava:

ainda existem uns seis ou sete,
que conversam com as abelhas,
com os pássaros feridos,
como se fossem eles essa ave que não voa mais.

Uns oito ou nove ainda existem.

Ainda existem na cicatriz dos dedos,
no poema que se escreve com a última palavra.

Ainda existem, quem sabe quinze, dezesseis.

Ainda existem poetas,
não morreram todos como eu pensava,
alguns raros que se desfazem aos poucos.

Talvez dezenove ou vinte
que fazem da poesia a sua prece,
poetas que ainda sentem,
a viver silêncios na quermesse:

ainda existem
uns três ou quatro.

No rosto a cicatriz,
corte fundo para sempre,
ferida que não se diz.

Não ficou marca de sangue
mas a agulha que penetra
as sílabas vãs de letras vis.

Na pele a cicatriz,
navalha que risca e escreve
as letras finas do giz.

Na boca a cicatriz,
o silêncio que se consente
e nunca se contradiz.

Nos dentes a cicatriz,
daquele que morrer não pôde,
não pôde porque não quis.

ACICATRIZ

OS HERÓIS

Muitos de meus heróis ainda estão vivos,
mas já morreram.

Com eles também morreram alguns sonhos
que cheguei a ter.

Muitos de meus heróis
traíram a própria vida
e passaram para o outro lado.

Estão ainda vivos, mas já morreram.

Muitos de meus heróis
não sabem que já estão mortos.

Hoje falam outra linguagem
que não é a minha,
já que guardo as palavras
no que resta da minha vida.

Ainda estão vivos,
mas mortos dentro de si mesmos.

Muitos de meus heróis
se transformaram em pessoas desconhecidas
dentro de seu espalho,
como nunca imaginei pudessem ser.

São pessoas que não são pessoas,
tornaram-se circunstanciais,
embora mantenham as feições de antigamente.

Mas o antigamente não existe mais:
muitos de meus heróis ainda estão vivos,
mas já morreram, estão mortos,
traidores da própria vida,
estão mortos,
estão mortos,
estão mortos,
estão mortos,
estão mortos,
estão mortos,

muitos de meus heróis ainda estão vivos,

mas trocaram a cara,
trocaram de lado,
trocaram as palavras,
trocaram os rumos,
trocaram o futuro,

muitos de meus heróis ainda estão vivos,
mas com outra vestimenta,
não são mais,
não são mais,
morreram, para sempre estão mortos.

DESFECHO

Com as palavras doentes,
o poeta se esquiva do poema,
mas o poema o persegue
pelas ruas e pelos parques.

Com as palavras perdidas,
o poeta foge do poema,
mas o poema o persegue
pelo quarto
e no quintal deserto de poesia.

Com as palavras distantes,
o poeta se nega ao poema,
mas o poema o persegue
quando ele veste o casaco
para mastigar a madrugada
entre mulheres sem destino.

Com as palavras ausentes,
o poeta esquece o poema,
mas o poema persiste em sua busca
onde o poeta se olha num espelho,
como se fosse sempre a última vez.

Com as palavras derradeiras,
o poeta se esconde do poema,
mas o poema o cerca
em um beco sem saída.

O poeta então se mata
com um tiro no céu da boca
e o poema se conclui.

O INIMIGO

Meu inimigo corta-me a mão esquerda
e depois corta-me a mão direita.

Mas ele não sabe
que tenho outra mão no bolso do casaco
e com ela consigo desenhar o sol na parede.

Não sabe que com essa mão escondida
consigo ainda acenar
o aceno que ele pensa não existir mais.

Meu inimigo não sabe que sem as duas mãos
sou mais perigoso do que ele imagina.

Meu inimigo corta-me as mãos
mas, sem saber, deixa-me o punho fechado
que não me deixa adormecer.

Meu inimigo esquece
que ainda estou vivo,
sem as mãos, é verdade,
mas com os pés que me fazem caminhar,
com os olhos que me fazem ver,
com a cabeça que me faz pensar,
com a boca que me faz dizer
e com o coração que me faz sentir.

A vida que ele me tira,
e o que a mim se destina,
o que ele pensa que acaba
em mim nunca termina.

A CASA

A casa que me abriga
também me sepulta a palavra,
mas nada tenho a dizer.

Também me sepulta o poema
mas nada da poesia
faz parte de mim.

Sepulta-me os pés,
mas nada mais tenho a caminhar.

A casa que me sepulta
também me abriga,
mas nada mais
tenho a ver com a tarde.

A tarde que me exclui
também me aguarda chegar,
mas agora estou sempre indo embora
sem deixar palavra de despedida.

Guardo no bolso um frasco de perfume,
mas nada sei de minha face
para esse sentir delicado.

A casa que me abriga
também me expulsa,
estou deslocado de mim,
o que penso ser um começo
é sempre o mesmo fim.

OS GAFANHOTOS

Todos os gafanhotos do mundo
invadiram meus pés de trigo
e destruíram as espigas que um dia plantei.

Eu faço versos na primeira pessoa do singular
porque não tenho o que fazer de mim.

Entraram na minha casa
e destruíram os móveis
e dois livros que eu guardava com algum zelo.

Os livros são objetos mortos
que não me dizem mais nada.

Todos os gafanhotos do mundo.

Agora, no final da tarde,
grudam na minha pele
a entrar dentro de mim:

voam pelos cômodos
e rasgamcom suas bocas
os casacos que nunca usei.
Mastigam meus olhos por dentro,
os sonhos que nunca tive
e o que de mim já não sei.

CREPÚSCULO

Guardo em mim
um crepúsculo de sangue,
um vermelho que vai além
desse vermelho que me distingue a vida,
mais vermelho que o vermelho
no furo na pele
pelo punhal que entra num golpe,

assim vermelho o crepúsculo
que se estende à tarde
com sua lâmina medieval,

esse punhal que alcança a alma
e faz da alma
o vermelho necessário
a estender-se pelas cortinas
e altares que desaparecem,

esse punhal do crepúsculo
que ainda guardo
como relíquia
que me atravessa os sentidos.

Nada quero senão
os anjos derrotados,
aqueles que não tem mais morada
e dormem anoitecidos
como se não existissem mais,

quietos como a folha que cai
da árvore de coisas antigas,

esses anjos que se calam
nas portas das igrejas,
que desejam morrer
nas escadarias.

O figo que mastigo
é o crepúsculo que deixou de ser,
pomar do sangue,
o crepúsculo vermelho,
vermelho, vermelho, vermelho,
vermelho,

esse vermelho do corte
para sempre na palavra,
no espanto do poema,

o vermelho do crepúsculo
de poetas esquecidos,
os que se esconderam no quarto
à espera de que tudo se concluísse,

o vermelho do punhal,
o vermelho das bandeiras,
o vermelho do lenço,
o vermelho da gravata,
o vermelho da face,
o vermelho do fim do dia,
o vermelho do fim da vida,
o vermelho do fim de tudo,
o vermelho da maçã na mesa.
o vermelho da cor da pele,

esse vermelho do crepúsculo,
o que guardo dentro em mim,
um crepúsculo de sangue
que me pertence,

um estojo onde guardo
três segredos que não sei mais,

o vermelho
da faca acesa
neste corte fatal.

ESPELHO

É bem verdade: a pálpebra está caída
e o olhar perdido em imagens que não existem mais.
É bem verdade: a face está mais branca,
como se tivesse sido lavada há instantes
com a água de um oceano longínquo.
É bem verdade: a boca com lábios finos
não dizem mais as palavras de antigamente,
que desapareceram com sílabas mortas.
É bem verdade: os cabelos são ausências
de coisas que deixaram de ser.
É bem verdade: o riso perdeu-se no nada,
como se arrancado com dedos de pedra,
um rasgo na inutilidade do rosto.
É bem verdade: as sobrancelhas escureceram,
noite que se alonga
e aos poucos cobre a fotografia que não é mais.

VELA

Acendo a vela para minha oração derradeira,
como quem se despede do mundo,
acendo a vela como quem vela por si mesmo,
e a orar palavras que não lembro mais,
esquecidas que estão no vale das minhas lágrimas,
onde dorme um pedaço da morte que vem aos poucos:

não me sei como uma vela nas mãos
e a ajoelhar-me na minha insignificância,
tiro de mim a chama acesa que me guarda,
três anjos me amarram as mãos
e me levam para um lugar desconhecido,
onde estou comigo, dentro de mim,
amálgama das argilas que me fazem,
que me moldam o rosto
e me apagam da vida.

MULHER

A mulher tem duas almas,
uma que chora, outra que ri:
a que ri chora sempre,
a que chora morre em todo entardecer,
quando também a vida entardece.

Tem duas almas: uma que esquece,
outra que foge sempre das igrejas
mas entre anjos permanece.

A mulher tem duas faces,
a que se mostra, a que se esconde:
na que se mostra ela se cala,
depois se guarda escondida
no retrato de uma sala.

Tem duas almas:
uma que fere, outra que é ferida,
a que se corta não se vê na que se fere,
a preferida.

A mulher tem duas primaveras:
a que nasce sempre nas árvores
e a que lembra esquecimentos,
a que silencia o ser ausente,
a florescer pressentimentos.

Tem duas vidas:
a que vive e adormece
e a que, adormecida,
na sua alma a vida tece.

Guardo-me no invólucro de meu próprio corpo,
sei dos cortes rasos junto à pele,
e dos furos profundos desse punhal
que na pulseira que me pressente

sei dessa faca, lâmina que arranca os dedos:

o gesto não existe,
se não aquele rosto que ficou no espelho
para sempre
para sempre
para sempre
para sempre

LUGAR

sempre para
para sempre
sempre para

sei de minha rua que não termina
por onde calo meus sapatos antigos,
pedras que me atravessam
e me levam a lugar nenhum
onde afinal é o meu lugar.

O uso do punhal

O homem que vivia em mim acaba de morrer
com uma carta na mão esquerda
e um aceno imóvel na direita.

Acaba de morrer como uma ave
que num voo em desespero
bate na torre de uma igreja.

Lá dentro Deus se sente perturbado com o barulho
desse baque de bico, penas, sangue
e um pequeno coração de pássaro.

FINAL Acaba de morrer esse homem que vivia em mim
com uma estrela desenhada no teto do quarto
e três luas minguantes na parede.

Morreu ao despertar para a manhã
e a olhar o dia no calendário do ano passado.

O homem que vivia em mim não vivia mais,
somente esperava o passar das horas
no relógio que jogou no poço
no fundo de seu quintal.

Fui anistiado
por ter sido poeta
por algum tempo.

Mas isso não deve ser levado a sério:
assim que a lei for revogada,
voltarei a delinquir e cometer
o crime de escrever de novo
poemas para ninguém.

ANISTIA

ARQUEOLOGIA

Houve um tempo
em que eu cavoucava na terra,
arqueologia desnecessária
em busca de meus restos mortais.

Alguns ossos quebrados,
treze dedos de arame,
um destino que não se cumpriu
nos passos incertos
que me guiaram os pés.

Arqueologia desnecessária
com ferramentas rudes
na busca inútil
do que se desfez,
uma cara desconhecida
tecida na minha tez.

A mosca que pousa na fatia de pão
colhe o grão do trigo de antigamente,
como um corvo que se desfaz de si
e de si se torna ausente.

Essa mosca de asas finas
do mau agouro, voa pela face desfeita
e revela nesse nada
o vazio que se completa.

Pousada na fatia de pão,
essa mosca fere o povo que não sabe,
a mulher e o homem no seu ferimento,
essa mosca de infortúnios
na súbita morte de seu lamento.

A pedra que se cala,
a ave que não voa,
o sino que emudece,
a igreja que se fecha,
o aceno que se corta,
a bandeira que se rasga,
o hino que não se canta,
a mesa que não se põe,

mas a mosca não

a mosca permanece
fúnebre em seu destino
a marcar seu próprio tempo,
assim pousada no pão,
no que se anseia na vida:

uma faca que corte o pulso
no seu golpe desferida,
o mesmo sangue que escorre
como sina preferida.

AMOSCA

RETRATO

Falta-me um dedo da mão esquerda,
o que me servia para tocar as plantas.

Falta-me, também, a mão,
a que me servia para me despedir.

Falta-me a boca,
na qual guardava minhas últimas palavras.

Faltam-me os pés que caminhavam comigo
a guardar folhas mortas nos sapatos.

Falta-me o olho direito,
que não sabia distinguir as imagens.

Falta-me a alma
que às vezes me fazia rezar.

Falta-me enfim a minha face
que ainda me fazia existir.

Colhe-me o espanto, desses que assaltam as horas,
que destroem os relógios de cada minuto a viver.
Foi-se de mim o que de mim ainda restava:
o pulôver vermelho e o casaco de esquecimentos,
a colher em que bebia os temporais
e a faca com que cavoucava a terra
para enterrar meus dedos errantes.

Colhe-me a sombra de mim, do que não sou mais,
aquele que à manhã molhava os pés nos rios
e inventava jarras de vinho
para tornar a comer pão molhado no azeite.

MOMENTO

Colhe-me um olhar de Deus que percebi numa igreja antiga,
os sapatos imóveis que se pregaram ao chão
a marcar seu destino definitivo.

Colhe-me o assombro que me desespera,
em tudo que me fui inútil em mim mesmo,
o que viveu sempre de tanta espera,
sempre a caminhar poemas, a esmo.

FOTOGRAFIA

Vejo minhas mãos envelhecidas com a pele escura,
uma cicatriz que não se explica, senão pelo rosto inexpressivo,
o corte sobre as pálpebras e os cabelos que mudaram de cor:
isso me faz voltar a mim mesmo, por dentro de mim,
onde correm os rios já esquecidos,
e desse esquecimento sinto-me cansado de falar de mim,
com os passos agora contados para trás,
alguns amores ainda lembrados de mulheres que já morreram,
outros que me habitaram por algum tempo
e depois desapareceram,
como de resto desaparecem todas as coisas.

Todas as coisas passaram a ser derradeiras,
especialmente a cadeira da sala onde me deixava ficar
a olhar a tarde quando os dias ainda existiam.

Há também alguns livros dos quais não me esqueço
e ainda converso com seus personagens antigos,
especialmente aqueles do século 18
que usavam chapéus e andavam de bengala com cabo de ouro.

De sorte que estes espelhos me ferem cada vez mais
e as paredes da casa guardam os pedaços de mim,
que se desgrudam de meu corpo
como alguma coisa que se tornou desnecessária.

Pois que, ao pôr da tarde, a raiz dessa planta se estende
em minha pele onde dorme a pedra dos presságios,
algumas palavras cortadas,
sílabas de sangue no canto do lábio
a escorrer na camisa branca do branco que não há mais.

Pois que, ao sentir os antigos versos que se desfizeram
e se perderam em bocas costuradas,
dentes de porcelana que se quebram e caem ao cuspe
vermelho, desse vermelho do mais vermelho,
o vermelho
o vermelho   **ASSIM**
o vermelho do mais vermelho que fere,
como o corte que abre a face
nesse vermelho mais vermelho
que guarda seu disfarce
na imagem do espelho.

Pois que os dedos caem e não é mais possível prosseguir,
andar na procissão dos receios
com mulheres tristes cobertas de véus,
uma dor contida por dentro dos seios,
o olhar que cala na fúria de Deus.

Arrancar o poema do coração,
como se retira com violência
a palavra da boca com um alicate.

O poema é inútil
como a inútil pedra
que se atira num rio
para permanecer no fundo.

Arrancar o poema
como se cortasse a língua
com uma faca
e colocasse as mãos
na guilhotina que decepa a cabeça.

É a mesma coisa.

Todos os poetas são maus,
porque mentem a todos
e a si mesmos.

CONCLUSÃO:

São também perversos
porque amam os pássaros.

São mortos porque só trilham pelas sombras
e vivem atrás das portas
e das janelas fechadas.

Constroem um poema
como se cavoucassem
um buraco debaixo dos pés.

Os sapatos estão perdidos
e não há mais rumos a seguir.

O poema está em cima da mesa
com palavras esquecidas.

Nada mais há a ser feito
senão destruir tudo que ainda existe.

O SAPATEIRO

O sapateiro que cose meus sapatos
gastos de antiguidades
canta canções que não ouço
com sua agulha certeira:

faz seu trabalho o sapateiro que costura
meus sapatos com meus pés dentro
sem destino nenhum.

A poesia
— essa faca —
corta-me ao meio,
poeta sem palavras.

A faca
— essa poesia —
decepa-me os dedos,
poeta sem alternativas.

Cose-me os sapatos o sapateiro
que canta esse momento solitário:
eu e ele:
ele — agulha das agruras dos rumos perdidos
eu — observador do tempo que sumiu.

A poesia feriu-me para sempre
no tropeço de um poema que não termina.

Entrega-me o sapateiro os meus sapatos
e saio de novo de mim
como se eu fosse para algum lugar.

O uso do punhal

O DEDO NO GATILHO

Meu tempo acabou:
o que pensei pudesse ainda existir
não existe mais.

Acabou o tempo que acabou,
o tempo que acabou,
acabou o tempo que acabou.

Acabou a vida que acabou,
a vida que acabou
acabou a vida que acabou,
que pensei pudesse ainda existir,
que não existe mais.

Acabou a cara no espelho,
acabou a cara no espelho que acabou
no espelho
na cara que acabou:

a moldura desse tempo
que pensei pudesse ainda existir
no espelho em que a cara acabou,
a cara que acabou
no espelho que acabou.

Acabou a palavra que acabou
na boca que acabou,
na palavra que acabou.

Acabou o poema
que o poeta acabou,
o desespero acabou,
acabou o próprio fim que acabou,
no dedo no gatilho,
na cena que findou.

O homem que morreu em mim
matou-se faz cinco anos
numa tarde cinzenta
diante de uma igreja.

Fez antes algumas preces
e pediu a presença de Deus.

Depois deixou-se morrer
segurando na mão esquerda
a lâmina da sua vida.

Quando Deus apareceu,
nada mais havia a fazer.

TARDE

OS POEMAS IGUAIS

Os poemas são todos iguais.
Faz dois mil anos que os poemas são todos iguais.
Faz três mil anos que os poemas são todos iguais.

Todos os poemas que escrevo já foram escritos.

Os poemas de todos os poetas do mundo
já estavam escritos.

Os poemas são todos iguais,
só mudam a data e o nome.

As palavras são sempre as mesmas,
faz séculos que as palavras são sempre as mesmas.

O poema
é sempre um objeto quebrado que não serve mais.

Faz cinquenta anos que escrevo o mesmo poema
que nunca tem nada a dizer.

A ponta aguda do punhal
é igual a um acento grave numa palavra.

Uma crase na vogal vermelha
em um verso sem serventia.

A ponta aguda do punhal
é o ponto final em um poema.

Desses que são escritos
pouco antes do disparo.

A morte tem poucas sílabas
em seu lamento:

um soluço que se alonga
na vida no esquecimento.

A ponta aguda do punhal
é uma ponta também áspera.

Um prego como uma foice
que pode cortar o corpo ao meio.

Antes que termine a tarde,
antes que a tarde que já não é.

Antes que termine o dia
na noite que não termina.

A ponta aguda do punhal
é o que resta por sua sina.

SINA

A CASA DAS MULHERES

Vou à Casa das Mulheres
como quem vai para morrer.
Entre as pernas em que me guardo
deixo escorrer o que ainda resta de mim,

a mulher que me beija a face
cheira a perfume de jasmim,
goza no meu corpo
como se fosse seu fim.

Vou à Casa das Mulheres
como quem sai para não voltar.

A mulher que me abre o sexo
pede que lhe arranque a boca
com um beijo de sangue final.

Mas só quero adormecer
na cama que não me pertence,
com este cheiro de morte,
a vida e seu destino
jogados na mesma sorte.

Vou à Casa das Mulheres
e não penso sair mais:
quero ficar para sempre
escrevendo madrigais.

Escrever a minha ausência,
o que não tenho mais,
que me peço por clemência.

O homem que caminha com esse guarda-chuva,
não sou eu.
No entanto, sou eu o homem que caminha
com esse guarda-chuva.

Esse homem caminha como se não caminhasse,
como se não fosse ele a caminhar
com esse guarda-chuva,
esse homem.

Esse homem que caminha com esse guarda-chuva
a se proteger das nuvens,
não sou eu, esse homem que caminha
com esse guarda-chuva,
no entanto, esse homem,
sou eu a caminhar comigo
sem que eu mesmo saiba.

Esse homem que caminha pela calçada
com seu guarda-chuva no final da tarde
guarda no bolso uma carta que escrevi,
mas não sou eu esse homem
que caminha
e que guarda no bolso uma carta
que não escrevi,
porque nada tenho a escrever para ninguém.

Esse homem que se esconde
debaixo do seu guarda-chuva não sou eu,
no entanto eu me escondo debaixo
de meu guarda-chuva,
assim sem identidade
e sem a alma que me pertenceu.

O HOMEM DO GUARDA-CHUVA

IMAGEM

Esta agulha que me costura a pele
também aos poucos me desfaz
com as linhas espessas do esquecimento.

Com esta agulha que me percorre o corpo,
abro mais a ferida
que sempre fere o ferimento.

Com ela furo minha imagem
que me aguarda no espelho
no rosto que me isento
e que mais não me pertence
na face que me invento.

Pesa-me a pedra pesa-me
a pedra pesa-me
como as folhas das árvores
e os temporais ao entardecer.

A poesia é pouca
para tirar de mim
o que sufoca:

a pedra no pulso
a pedra no peito
a pedra no prato
a pedra no pranto
a pedra no passo
a pedra no pátio
a pedra no pacto
a pedra no pulo
a pedra no peso.

Pesa-me a pedra
pesa-me a pedra
pesa-me a pedra
pesa-me a pedra
pesa-me a pedra

pêsames à pedra

que, como faca,
corta a veia
e desfaz em si mesma
a vida na aspereza de sua forma.

APEDRA

SAMARITANA

Essa mulher que vai à fonte,
nega-me molhar-me a boca
na secura da aridez.

Essa mulher que vai à fonte,
que me pede o que tem por sina,
que de si já esquecida,
nega-me molhar-me a boca,
do que a mim não se destina,

essa mulher

que de si amanhecida
nega-me molhar-me a boca
pela morte decidida
do que de si já não sabe
na palavra comovida,

essa mulher

que vai à fonte
em si mesma anoitecida,
nega-me molhar-me a boca
com a água da própria ferida.

Os morangos em cima da mesa
me parecem bolas de sangue com açúcar.

Já as maçãs são granadas
que levarei para um conflito derradeiro.

Há também as cerejas
que me parecem balas vermelhas
para a arma que me liquidará
em cinco minutos.

Mas falta-me um vaso de crisântemos
à janela de meu quarto esquecido.

No entanto, amanhece.

Eles chegarão daqui a pouco
e quando eu disser não,
serei condenado à pena máxima,
um alívio à minha sorte,
ser expulso de mim mesmo,
do país da minha morte.

ALÍVIO

NORMALIDADE

Perdi meus dentes de cristal
e hoje mastigo as nuvens
com gengivas de vidro:

mas são punhais
que guardo para horas especiais

de minha antiguidade
de minha reminiscência.

Com eles calo os demônios
que permanecem à minha porta.

Houve um tempo em que vivi com anjos,
hoje são eles que vivem comigo,
fazendo parte de mim
nos instantes mais ausentes.

Agora costuro delírios
durante as noites
assustando os cavalos
que me olham na janela.

De forma
que está tudo normal.

Por certo vão me destinar
uma lança medieval
para minha morte numa cela,
dois guardas dos que decidem,
as autoridades que me dão as ordens
que obedeço,
já que todos obedecem
às sombras que não se foram,
um pedaço do silêncio
e o soluço que soluça para dentro,
o grito que não se ouve
entre as paredes molhadas,

uma lança medieval
que talvez me corte ao meio,
como se eu fosse uma árvore,
ou uma ave,
ausente que estou de mim
neste tempo incerto
em que futuro não há,

uma lança que atravessa o corpo,
um golpe certeiro
que não sentirei porque já morri:
eles não sabem que não existo mais
enquanto discutem
o que devem fazer de mim.

**LANÇA
MEDIEVAL**

NO ESPELHO

Adormecido de mim,
não tenho mais sonhos a sonhar,
nem os quero ter.

Está no espelho a imagem que me fugiu,
aquilo que eu era.

Só a mancha vermelha me chama atenção:

como tinta que escorre
no fino fio de um poema
que não se conclui.

Derradeiras faces que me pertenceram,
principalmente à noite.

Depois deixei-me
e ao sair de mim,
como se trocasse o casaco,
pedi que a alma fosse ao seu destino.

Deixei também que a sombra
grudada nos meus pés seguisse sozinha.

Restei-me vazio com uma faca na mão.

Daqui a pouco
tudo estará desfeito para sempre.

LABIRINTOS

Dentro de mim vive um homem
que constrói palavras e poemas
que desaparecem com o tempo.

Ergue as paredes de seu cárcere
e tem mais zelo
para a janela que dá para o campo.

Faz a massa para unir as telhas
que cobrirão sua cabeça
nas tardes de chuva.

Esse homem que vive em mim
constrói uma porta de ferro,
mas joga a chave num rio.

Mistura o saibro à cal
para caiar as juntas dos azulejos
da vida que não lhe pertence.

Depois vai-se embora
como se não tivesse existido
e fosse eu mesmo
nos meus labirintos.

Faz noite há trinta anos
e aqui estou à espera de alguém
que bata palmas à porta da casa.

Penso olhar pelas frestas
e dizer que fui à farmácia
pela última vez
para comprar três caixas de soníferos.

SOBRE O AUTOR

Álvaro Alves de Faria nasceu na cidade de São Paulo em 9 de fevereiro de 1942. Filho de pais portugueses, é jornalista, poeta e escritor. Tem formação em Sociologia e Política, Língua e Literatura Portuguesa, como também Mestrado em Comunicação Social. Autor de mais de 50 livros, participa de mais de 70 antologias de contos e poesia publicadas no Brasil e no exterior. Recebeu os mais importantes prêmios literários do país. Destaque-se o Prêmio Governador do Estado de São Paulo, Prefeitura Municipal de São Paulo para Poesia e o Pen Clube Internacional de São Paulo, em 1973, para o livro *4 cantos de pavor e alguns poemas desesperados*.

Por duas vezes recebeu o Prêmio Jabuti de Imprensa, da Câmara Brasileira do Livro, em 1976 e 1983, por sua atuação em favor do Livro no jornalismo cultural. Por esse mesmo motivo, também foi distinguido por três vezes com o Prêmio Especial da Associação Paulista de Críticos de Arte, em 1981, 1988 e 1989.

Esse trabalho em favor do livro vem sendo desenvolvido desde que começou no jornalismo, quando tinha menos de 20 anos, escrevendo para jornais e revistas, além de comentar livros no rádio e na televisão.

Outro prêmio importante na vida do poeta foi o Anchieta para Teatro, da Secretaria de Cultura do Estado de São Paulo, um dos mais importantes nos anos 70, com a peça *Salve-se quem puder que o jardim está pegando fogo*, proibida de ser encenada por um período de seis anos na ditadura militar.

Seu livro *Trajetória poética – poesia reunida* recebeu o Prêmio da Associação Paulista de Críticos de Arte, em 2003, como o melhor livro de poesia do ano e foi, também, finalista do Prêmio Jabuti da Câmara Brasileira do Livro. *Babel – 50 poemas inspirados na escultura Torre de Babel de Valdir*

Rocha recebeu o prêmio como melhor livro de poesia de 2007 da Academia Paulista de Letras.

Nos últimos anos, tem publicado livros especialmente em Portugal. Tem poemas traduzidos para o inglês, francês, italiano, espanhol, alemão, servo-croata e japonês.

Seu livro *O sermão do viaduto* iniciou o movimento de recitais públicos de poesia na cidade de São Paulo, quando foi lançado em pleno Viaduto do Chá, em abril 1965. Nesse local, fez nove recitais de poesia, com microfone e quatro alto-falantes, lendo os poemas desse livro. Por esse motivo foi preso cinco vezes pelo DOPS (Departamento de Ordem Política e Social), sendo acusado de subversivo. Os recitais de *O sermão do viaduto* foram proibidos em agosto de 1966.

Da Geração 60 de poetas de São Paulo, partiu para outros gêneros literários, tendo publicado ao longo dos anos livros de poemas, crônicas, contos, novelas, romances, ensaios literários, livros de entrevistas e também escrito peças de teatro.

Dois de seus livros foram transformados em filmes: *O tribunal* no longa-metragem *Onde os poetas morrem primeiro*, com direção dos irmãos curitibanos Werner e Willy Schumann, em 2002; e *Borges, o mesmo e o outro* – longa entrevista feita com Jorge Luis Borges, em Buenos Aires, em 1976, guardada por 25 anos até sua publicação – no média-metragem *Borges, o homem dos olhos mortos*, com direção do também curitibano Nivaldo Lopes, em 2005.

LIVROS DE POESIA NO BRASIL

- *Noturno maior*, Portugal Ilustrado, São Paulo, 1963
- *Tempo final*, gráfica da Fiesp, São Paulo, 1964
- *O sermão do viaduto*, Brasil, São Paulo, 1965

- *4 cantos de pavor e alguns poemas desesperados*, Alfa Ômega, São Paulo, 1973
- *Em legítima defesa*, Símbolo, São Paulo, 1978
- *Motivos alheios*, Massao Ohno, São Paulo, 1983
- *Mulheres do shopping*, Global, São Paulo, 1988
- *Lindas mulheres mortas*, Traço, São Paulo, 1990
- *O azul irremediável*, Maltese, São Paulo, 1992
- *Pequena antologia poética*, Ócios do Ofício, Curitiba, 1996
- *Gesto nulo*, Ócios do Ofício, Curitiba, 1998
- *Terminal*, Ócios do Ofício, Curitiba, 1999, e RG Editores, São Paulo, 2000
- *Vagas lembranças*, Quaisquer, São Paulo, 2001
- *A palavra áspera*, Íbis Libris, Rio de Janeiro, 2002
- *A noite, os cavalos*, Escrituras, São Paulo, 2003
- *Trajetória poética – poesia reunida*, Escrituras, São Paulo, 2003
- *Bocas vermelhas – poemas para um recital*, RG Editores, São Paulo, 2006
- *Babel – 50 poemas inspirados na escultura Torre de Babel de Valdir Rocha*, Escrituras, São Paulo, 2007
- *Alma Gentil – Raízes* – reunião de sete livros do autor publicados em Portugal – Escrituras, São Paulo, 2010
- *Resíduos – Maio, 1969* – poemas escritos preso em 1969 e publicados pela primeira vez somente em 1983, como segunda parte de *Motivos Alheios* – RG Editores, São Paulo, 2012
- *Domitila – Poema-romance para a Marquesa de Santos*, Nova Alexandria, São Paulo, 2012

LIVROS EM PORTUGAL

- *20 poemas quase líricos e algumas canções para Coimbra*, A Mar Arte, Coimbra, 1999
- *Poemas portugueses*, Alma Azul, Coimbra, 2002
- *Sete anos de pastor*, Palimage, Coimbra, 2005
- *A memória do pai*, Palimage, Coimbra, 2006
- *Inês*, Palimage, Coimbra, 2007
- *Livro de Sophia*, Palimage, Coimbra, 2008
- *Este gosto de sal – mar português*, Temas Originais, Coimbra, 2010
- *Cartas de abril para Júlia*, Temas Originais, Coimbra, 2010
- *Três sentimentos em Idanha e outros poemas portugueses,* Temas Originais, Coimbra, 2011
- *O tocador de flauta*, Temas Originais, Coimbra, 2012
- *Almaflita*, Palimage, Coimbra, 2013

LIVROS NA ESPANHA

- *Habitación de olvidos* (Antologia), Fundación Salamanca Ciudad de Cultura, seleção e tradução do poeta peruano-espanhol Alfredo Perez Alencart, da Universidade de Salamanca, 2007
- *Alma afligida*, Trilce Ediciones, Salamanca, tradução de Alfredo Pérez Alencart, 2013

LIVROS SOBRE O AUTOR

- *Melhores poemas de Álvaro Alves de Faria*, de Carlos Felipe Moisés, Global, São Paulo, 2008

- *O sermão do viaduto de Álvaro Alves de Faria*, de Aline Bernar, Escrituras, São Paulo, 2009, trabalho de doutorado em Letras na Universidade de Coimbra, Portugal
- *Um poeta brasileiro em Portugal* – reunião de ensaios sobre a poesia do autor em Portugal, coedição Letra Selvagem, São Paulo, Temas Originais, Coimbra, 2013

ALGUNS EVENTOS

Como poeta brasileiro participou do Terceiro Encontro Internacional de Poetas promovido pelo Centro de Estudos Anglo-Americanos da Faculdade de Letras da Universidade de Coimbra, em 1998.

Participou, também, do Congresso Portugal Brasil 2000 – Literatura Portuguesa e Brasileira, na Universidade do Porto, em 2000, nas comemorações dos 500 Anos do Descobrimento.

Realizou leituras de poemas em 1999, 2002, 2005 e 2006 no foyer do Teatro Gil Vicente, da Universidade de Coimbra, e em 2007 na Quinta das Lágrimas, em Coimbra, Portugal.

Realizou leitura de poemas, em 2000, na escadaria do Jardim do Paço de Castelo Branco e também no Auditório do Museu Francisco Tavares Proença Júnior, do Instituto Português de Museus.

Homenageado como Personalidade Cultural do Ano, em 2004, pelo Elos Internacional – Movimento humanista junto às comunidades portuguesas que todo mundo e em países em falam a Língua Portuguesa – em sessão solene na Assembleia Legislativa do Estado de São Paulo.

Poeta convidado para as comemorações dos 800 anos da Vila Idanha-a-Nova, na Beira-Baixa, Portugal, em 2006, onde participou de leitura de poemas ao lado de Vasco Graça Moura, Nuno Júdice, Fernando Aguiar e Ana Luísa Amaral.

Foi o poeta homenageado no X Encontro de Poetas Ibero-Americanos, em 2007, dedicado ao Brasil, em Salamanca, na Espanha. Teve publicada, no evento, uma antologia de poemas, *Habitación de Olvidos* (Fundación Salamanca Ciudad de Cultura), com seleção e tradução do poeta espanhol Alfredo Perez Alencart, da Faculdade de Direito da Universidade de Salamanca.

Recebeu homenagem do Conselho da Comunidade Luso-Brasileira do Estado de São Paulo, em 2010, em cerimônia realizada na Assembleia Legislativa do Estado de São Paulo, dentro das comemorações do Dia de Portugal, de Camões e das Comunidades Brasileiras, celebrado a 10 de junho, por sua contribuição à cultura luso-brasileira, sendo o orador da noite nessa solenidade.

Participou, em 2013, do XVI Encuento de Poetas Ibero-americanos, em Salamanca, Espanha, que homenageou Frei Luis de León, oportunidade em que lançou "Alma Afligida" no Centro de Estudos Brasileiros, da Universidade de Salamanca, com apresentação do poeta e filósofo espanhol Luis Frayle Delgado. Nesse mesmo Encontro, fez lançamento de "Alma afligida" e leitura de poema em evento promovido pela Associação Cultural Pentadrama, com apresentação na poeta espanhola Montse Villar.

Impresso em São Paulo, SP, em novembro de 2013,
com miolo em pólen bold 90 g/m²,
nas oficinas da Farbe Druck.
Composto em Helvetica, corpo 12 pt.

Escrituras Editora e Distribuidora de Livros Ltda.
Rua Maestro Callia, 123
Vila Mariana – São Paulo – SP – 04012-100
Tel.: 11 5904-4499 / Fax: 11 5904-4495
escrituras@escrituras.com.br
vendas@escrituras.com.br
imprensa@escrituras.com.br
www.escrituras.com.br